# 50 ALL TIME GREAT SHAAYARIS

DHANESH GHANASHYAM GAWDE

Copyright © Dhanesh Ghanashyam Gawde
All Rights Reserved.

This book has been published with all efforts taken to make the material error-free after the consent of the author. However, the author and the publisher do not assume and hereby disclaim any liability to any party for any loss, damage, or disruption caused by errors or omissions, whether such errors or omissions result from negligence, accident, or any other cause.

While every effort has been made to avoid any mistake or omission, this publication is being sold on the condition and understanding that neither the author nor the publishers or printers would be liable in any manner to any person by reason of any mistake or omission in this publication or for any action taken or omitted to be taken or advice rendered or accepted on the basis of this work. For any defect in printing or binding the publishers will be liable only to replace the defective copy by another copy of this work then available.

# Contents

# Preface

<u>**Author of this Book -**</u> **DHANESH GHANASHYAM GAWDE**

*Hello,*

*He is Dhanesh Ghanashyam Gawde from Goa, age 21. He is currently pursuing his BBI(Banking & Insurance) in Shri Pancham Khemraj College, Sawantwadi, Sindhudurg, Maharashtra. He is also done with Diploma of Computer Engineering. He even likes to read and write books, stories, shaayaris, qoutes, etc. He often likes to write Horror stories too. His aim is to be a successful Writer and Author. Till now he has written 4 books which are as follows - 1) 50 Reasons to live your life, 2) Dil se judi 50 shaayaris, 3) To stay or to leave:- Forgiving the Unforgivable(English edition and 4th book is in Marathi edition).You can get these books available on Amazon, Flipkart, Notion Press, etc. You can even read his blogs.*

*His blogger id:- Unreliable62.blogspot.com*

*You can also follow him on his Instagram handle.*

*Instagram id:- unreliableuniform62*

*Thank you.*

# Foreword

*50 All Time Great Shaayaris is a compilation of interesting poems with a promise to take readers into the enchanting world. Written in a simple style, the poems/ shaayaris are brought to you with humour, sometimes bordering in the style of author, Dhanesh Gawde.*

*In this book you can find out that the shaayaris are written about many different contents and also you wil energized after reading this book.*

*So what are you all waiting for just start reading!!!*

1.  Kisne kehe diya ki phir tumhare baad karenge

Itna bhi shauk nahi ki khudko barbaad karenge

Tum shaamo mein jab tehelo apne ghar ki chhat par

Hum yaad aayenge jab do panchi mulaakhat karenge

Dekhna tumhe apne lehje ka dukh hone lagega

Jab tumhara dil aur dimaag do-do haath karenge

Kal tumhari baaho ko bhi tumse chid ho jaayegi

Moomkin hai kuch iss kadar woh humhe yaad karenge

Kitna aasaan tha na sab-kuch sambhaal lena magar

Tumne akhad kar kaha tha hum nahi baat karenge…

2. Dariyaa ne nahar se poocha tujhe samandar nahi banna?

Nahar ne pyaar se kaha…

Badaa bankar khaara ho jaane se behetar hai chota rehekar meetha ho
jaaye…

3. Insaan kabhi galat nahi hota

Uska waqt galat hota hai magar

Log insaan ko galat kehte hai…

Jaise patang kabhi nahi katta toh

Sirf dhaaga hee hai, phir bhi log

Kehte hai patang kati...

4. Tadap ke dekho kisi ki chaahat mein

Toh pataa chalega ki

Intezaar kya hota hai

U hee mil jaaye koi bina chaahe

Toh kaise pataa chalega

Ki pyaar kya hota hai"

5. Hum kabhi tumse khafaa ho

nahi sakte,

Vaadaa kiya hai toh bewafaa

Ho nahi sakte,

Aap bhale hee humhe

Bhulaakar so jaao...

Magar hum aapko yaad kiye bina

So nahi sakte...

6. Insaan gussa karta hai, ladta hai,

Jhagadta hai, rokta hai, tokta hai…

Sirf uss insaan ko jisse vaha pyaar

Karta hai jise apna samajhta hai…

Varna iss matlabi duniya mein kisi

ko kya farak padta hai ki aap sahi kar rahe ho ya galat…

Isiliye kisi rishtey ko khatam karne

Se pehle soch avashya lena chahiye…

7. Agar mai sochu ki mujhe kisi ki

Bhi jarurat nahi toh ye mera ahem hai…

Aur agar mai sochu ki sabko meri

Jarurat hai toh ye mera vahan hai…

Sach toh ye hai hum tumse,

Tum humse, hum sab ek duje se hai

Yahi Jeevan ka sach hai…

8. Haa mujhko ek aaise saath ki jaroorat hai…

Jo mujhe kabhi toothne na de

Zindagi se mujhe rootne na de…

Har koi chod de saath mera

Voh apna haath chootne na de…

Haa mujhko ek aaise saath ki jaroorat hai…

Jo kehe mujhse ghabraana mat

Jo kehe mujhse haar jaana mat

Dard milenge tumko hazaaro abhi

Aankhon mein aansu kabhi laana mat…

Haa mujhko ek aaise saath ki jaroorat hai…

Jo mere haarne par bhi haath thaam le

Mere dil ka dard bin kehe pehchaan le

Ho jaahu gumnaam mai iss duniya mein

Lekin voh bahut pyaar se mera naam le…

Haa mujhko ek aaise saath ki jaroorat hai…

9. Kaise bataau mai tumhe

Mere liye tum kaun ho

Kaise bataau mai tumhe

Tum dhadkano ka geet ho

Jeevan ka tum sangeet ho

Tum jindagi tum bandgi

Tum roshni tum taazgi

Tum har khushi tum pyaar ho

10. Chaahe kitni bhi badi

Degreeya haansil kar lo…

Agar bolne ki tameez aur

Insaaniyat nahi seekhi…

Toh voh insaan unpadh ke

baraabar hai…

11. Koi kehta hai duniya

Pyaar se chalti hai…

Koi kehta hai duniya

Dosti se chalti hai…

Maine aajmaaya toh pataa

Chalaa ki duniya toh matlab

Se chalti hai…

12. Kimat paani ki nahi

Pyaas ki hoti hai…

Kimat maut ki nahi

Saas ki hoti hai…

Pyaar toh bahot karte hai duniya mein,

Kimat pyaar ki nahi vishwaas ki

hoti hai…

13. Dil ke tootne par bhi hasna

Shaayad zindagi isi ko kehte hai…

Thokar lagne par bhi manjil tak bhatakna

Shaayad talaash isi ko kehte hai…

Toote khandahar mein bina tel ka

Deepak jalaana shaayad ummhid

Isi ko kehte hai…

Gir jaane par phir se khadha hona

Shaayad himmat isi ko kehte hai…

Ummhid, himmat, chaahat, talaash

Shaayad zindagi isi ko kehte hai…

14. Maine ek bujurg se poocha…

Aaj ke samay mein sacchi izzat

Kiski hoti hai?

Bujurg ne jawaab diya… izzat

Kisi insaan ki nahi hoti, jaroorat

khatam toh izzat khatam…

15. Kisi ka bhi vartamaan dekhkar

Uska majaak nahi udaana chahiye …

Kyunki samay badalta rehta hai

Samay ke saath karma badalte

Rehte hai aur karmo se bhaagya

Badalta rehta hai…

Samay mein itni taakat hoti hai ki

Vaha kisi ki bhi kissmat kabhi bhi

Palat deta hai…

16. Rone se aansu bhi paraaye ho jaate hai

Lekin muskuraane se paraaye bhi

apne ho jaate hai…

Mujhe voh rishtey pasand hai, jinmein

"Mai" nahi "Hum" ho…

Kisi ne hum se poocha itne

Chote se dil mein itne saare dost

kaise samaa jaate hai…

Humne kaha vaise hee jaise choti si

Hatheli mein saari zindagi ki lakiron

Samaa jaati hai...

17. Koshish kar tu...

Koshish kar hal niklega

Aaj nahi toh kal niklega...

Arjun ke teer se sadh,

Marusthal se bhi jal niklega...

Mehenat kar, paudho ko paani de

Banjar jameen se bhi fal niklega...

Taakat joota, himmat ko badaa de

Faulaad ka bhi bal niklega...

Zinda rakh, dil mein ummhido ko,

Garal ke samandar se bhi gangajal

Niklega...

Koshishe jaari rakh kuch kar gujarne ki,

Jo hai aaj thama sa, chal bahut aage

Niklega…

18. Kabhi na kaho ki din apne kharaab hai,

Samaj lo ki hum kaato se gir gaye

Gulaab hai…

"Rakho hausla voh manjar bhi aayega,

Pyaase ke paas chalkar samandar

Bhi aayega…

Thak kar na baito, a manjil ke musafir…

Manjil bhi milegi aur jeene ka majaa

Bhi aayega".

19. Khushiyaan kam aur armaan bahut hai

Jise bhi dekho pareshaan bahut hai…

Karib se dekha toh nikla ret ka ghar

Magar dur se iski shaan bahut hai…

Kehte hai sach ka koi mukaabla nahi

Magar aaj jhoot ki pehchaan bahut hai…

Mushkil se milta hai shehar mein aadmi

U toh kehne ko insaan bahut hai…

20. Aankhen band karke jo prem kare

Voh 'Premika' hai

Aankhen dikha ke jo prem kare

Voh 'Patni' hai…

Aankhen khol ke jo prem kare

Voh 'Dost' hai…

Apni aankhen band hone tak jo prem

Kare voh 'Maa' hai…

Parantu aankhen mein prem na jagaate

Huhe bhi jo prem kare

Voh 'Pitaa' hai…

21. Jaha jaroorat nahi meri

Vaha jaana bhi nahi hai,

Voh roota hai toh roota rahe

Mujhe manaana bhi nahi hai…

Mohabbat meri hai mujh mein rahegi

Mujhe vaise bhi tujhe paana nahi hai.

Tera tevar salaamat rahe sada u hee

Meri jaan abhi gujaara jamaana nahi hai.

Rooh teri hai teri rahegi sada

Dil ko magar aur tadpaana nahi hai!!!

22. Pairo ki moch aur choti soch kabhi

Aage badne nahi deti,

Tooti kalam aur dusro se

Jalan khud ka bhaagya likhne nahi deti,

Kaam ka aalas aur paiso

Ka laalach humein kabhi mahan

Ban ne nahi deta…

Ye saari soch insaan ko insaan

Ban ne nahi deti…

23. Rishta chaahe koi bhi ho,

Jiss din koi kaha de ki waqt rahi milta…

Uss din samajh lena chahiye ki,

Rishta khatam hone ka samay aa

Gaya hai…

Kyunki rishtey nibhaane ke liye

Waqt ki nahi,

Chaahat ki jaroorat hoti hai…

Jab mann mein chaahat hoti hai,

Waqt ki koi kami nahi hoti…

24. Yaha har dil mein ek adhuri si kahani hai,

Tanhayeon mein har kisi ki zindagi roohani hai…

Bahar se har chehra hasta huha nazar aayega,

Bhitar se tatologe toh har aankh mein paani hai…

Kuch yaade liye baite hai kuch kisse liye baite hai,

Yaha log ek dil ke kayi hisse liye baite hai…

Baithiye kisi ke paas kuch pal

humraah bankar tabhi jaan paahoge,

Dard mein kitni tsunami hai…

Koi dard kaha deta hai toh kisi ko kehna nahi aata…

Koi stone ban jaata hai kisi ko chup rehna nahi aata…

Sabki aadat auro ko janna hai,

Aur apni chupani hai…

Chup rehekar jimmedariya nibhani hai

Bas yahi zindagani hai…

25. Mere kandhe par baita mera beta

Jab mere kandhe par khadha ho gaya…

Mujh hee se kehne laga

'Dekho papa mai tumse bada ho gaya'

Maine kaha

'Beta iss khoobsurat galatfamily mein bhale hee

Jakade rehna magar mera haath pakde rehna'

Jiss din ye haath choot jaayega

Beta rangeen sapne bhi toot jaayega…

Duniya, vaastav mein utni hasin nahi hai,

Dekh tere paav tale abhi jami nahi hai…

Mai toh baap hu beta

Bahot khush ho jaaunga jiss din

Tu vaastav mein mujhse bada ho jaayega…

Magar beta kandhe pen ahi

Jab tu jameen pe kadhe ho jaayega…

Ye baap tujhe apna sab kuch de

jaayega tere kandhe par duniya se chala jaayega…

26. Janam dene ke liye maa

Chahiye…

Raakhi baandne ke liye

Behen chahiye…

Kahani sunaane ke liye

Dadi chahiye…

Pyaar karne ke liye

Nani chahiye…

Jidh puri karne ke liye

Mausi chahiye…

Naye khilaune, kapdo, mithaai

Ke liye buha chahiye…

Manuhaar ke liye

Maami chahiye…

Pareshaan karne ke liye

Chachi chahiye…

Saath nibhaane ke liye

Patni chahiye…

Par yaha sabhi rishtey nibhaane ke liye

Betiyaan toh zinda rehni chahiye…

27. Log roop dekte hai,

Hum dil dekte hai…

Log sapne dekte hai,

Hum hakikat dekte hai…

Bas farak itna hai ki log duniya mein

Dost dekte hai,

Hum dosto mein duniya dekte hai…

28. Mujhe bachpan ki bahut yaad aati hai,

Dekh maa bade hone pe zindagi

Kaise rulaati hai…

Maana ki teri duaaye har kadam pe

Kaam aati hai,

Teri lori sune bina kaha sukoon ki neend

Aati hai…

Nahi chahiye shauharat mujhe bas tere

Hee saath rehna hai,

Jo kehte the bahut paise kamaane hai

Sabka yahi kehna hai…

Tera aanchal jo choota mera khushiyon

Se naata toot gaya,

Aage badne ki khwaahish mein mera

Bachpan piche choot gaya…

Chal ab ek baar phir mujhe apni godh

Mein sone de,

Shikaaytein bahut hai maa aaj mujhe

Ji bharke rone de…

29. Har baat ka koi jawaab nahi hota,

Har ishq ka naam kharab hota…

U toh jhoom lete hai nashi mein peene waale,

Magar har nashe ka naam kharab nahi hota…

Khaamosh chehre par hazaaron pehre hote hai,

Hansti aankhon mein bhi jakham gehre hote hai...

Jinse aksar root jaate hai hum,

Asal mein unse hee rishtey gehere hote hai...

Kisi ne khudha se duha maangi...

Duha mein apni maut maangi, khudha ne kaha,

Maut toh tujhe de denge magar...

Use kya kahu jisne teri zindagi maangi...

Har insaan ka dil buran ahi hota,

Har ek insaan bura nahi hota...

Bujh jaate hai diye kabhi tel ki kami se,

Har baat Kasur hava ka nahi hota...

30. Vaqt ke bhi ajeeb kisse hai

kisi ka katta nahi aur kisi ke paas hota nahi...

Vaqt dikhayi nahi deta par bahut

Kuch sikha deta hai...

Apnapan toh har koi dikhata hai

Par apna kaun hai ye vaqt dikhata hai…

31. Akela bhi khush hu aur tanha bhi na raha paaya

Maine koshish bhi na ki aur koi samajh bhi na paaya

Mile bahut log par koi pasand nahi aaya

Jise dekh maine,

Use mai nazar hee nahi aaya

Pehle izahaar karne ko ye dil kabhi jhuka nahi

Koi faisle le saku, koi itni der ruka hee nahi

Kisi ki baato pe mai bevajaah hansa hee nahi

Mere button se, kisi ka dupatta fasa hee nahi

Kisi ke karib jaakar bhi khud ko rokh liya

Kabhi logon par, kabhi kismat par chod diya…

32. Jo muskura raha hai use dard ne paala hoga

Jo chal raha hai uske paav mein chaala hoga…

Bina sangarsh ke insaan chamak nahi sakta yaaro

Jo jalega usi diye mein toh ujaala hoga…

Udaas hone ke liye umra padi hai

Nazar utaao saamne zindagi khadi hai…

Apni hansi ko oato se naa jaane dena

Kyunki aapki muskurahat ke piche duniya padi hai…

33. Gusse ke do pal mein log pyaar

ke saare pal bhoola dete hai,

Anjaane mein huhi galtiyon ko log

Bevajaah dil se laga lete hai,

Todha sa hak maang lo toh log

Humhe humari aukaat dikha dete hai…

Bade ajeeb hai log yaha apna

Kehekar bhi dil dukkha dete hai…

34. Kabhi lagta hai iss zindagi mein khushiyaan beshumaar hai,

Toh kabhi lagta hai zindagi hee bekaar hai…

Kabhi lagta hai logon mein bahut pyaar hai,

Toh kabhi lagta hai rishton mein sirf daraar hai…

Kabhi lagta hai hum bhi zindagi jeene ke liye bekaraar hai,

Toh kabhi kabhi lagta hai sirf humhe maut ka intezaar hai…

35. Manjil mile na mile ye

toh mukaddar ki baat hai…

Hum koshish bhi na kare ye

toh galat baat hai…

Zindagi jakhamoh se bhari hai,

Vaqt ko marham banana sikh lo…

Haarna toh hai ek din maut se

Filhaal zindagi jeena sikh lo…

36. Le gayi zindagi unn raaho mein

Jaha jaan nahi tha…

Khol diye saare raaz

Jaha kuch bataana nahi tha…

Ro diye unke paas

Jaha muskuraana nahi tha…

Phir ulajh gaye unn rishton mein

Jinhe nibhaana nahi tha…

Sab kho diya sab kuch vaha,

Jaha paana nahi tha…

37. Tum khaas ho mere liye…

Kabhi socha nahi tha ki kabhi

Tumhari tarah koi mere zindagi mein

Aayega jo mere liye itna khaas ho jaayega…

Mai jo khud ko jaanta tak nahi tha

Koi mujhko mujhse jyaada samajh jaayega…

Tumse milna ithefaak hai ya nasib pataa nahi

Par haa ab dil mein tumhare siva koi aayega hee nahi…

Tum mere zindagi ka hissa nahi ho,

Tum zindagi hee ho mere liye…

Tumhara ab hona jaroori hai…

Kyunki tumhare bina ab saanse bhi adhuri hai…

Tumko saamne se bataana thodha mushkil hai par tum

Kya ho mere liye bas ye jaanta tumhara dil hee hai…

Tum ho bahut special mere liye

Bas you saath chalte rehna dil

Bankar mujhmein you hee dhadakte rehna…

38. Iss farebi duniya mein mujhe

Duniyadaari nahi aati…

Jhoot ko sach saabit karne ki

Mujhe kalaakaari nahi aati…

Jismein sirf mera heet ho mujhe

Voh samajhdaari nahi aati…

Shaayad mai isiliye peeche hu

Mujhe hoshiyaari nahi aati…

Beshak log na samjhe meri

Vafaadaari magar yaaro mujhe gaddaari nahi aati…

39. Pitaa…

Pitaa kitna pyaar karta hai,

Voh baccho ko jataata nahi hai…

Baccho ke liye karta hai mehenat

Majduri kabhi sharmaata nahi hai…

Jimmedaariyon ka kitna bojh hai,

Voh kabhi ghar par bataata nahi hai…

Pitaa ke liye koi shabda hee nahi hai

Isiliye koi likh paata nahi hai…

Love you my dear Papa…

40. Bharosa khud par rakho, toh taakat ban jaata hai…

Aur dusro par rakho toh kamjori ban jaata hai…

Aap kab sahi the ise koi yaad nahi rakhta

Lekin aap kab galat the ise sab yaad rakhte hai…

Zindagi mein koi bhi vyaakti aaisa nahi hai jisko samasya na ho…

Aur zindagi mein koi samasya aaisi nahi hai jiska koi samadhan

na ho…

Manjil chaahe kitni bhi unchi kyu na ho

Raaste humesha pairo ke niche hee hota hai…

41. Zindagi gujar gayi sabko khush karne mein

Jo khush huhe voh apne nahi the

Jo apne the voh kabhi khush nahi huhe…

Anubhav kehta hai

Khaamoshiyaan hee behetar hai,

Shabdo se log roothte bahut hai…

Kitna bhi samet lo

Haathon se fisaltaa jaroor hai

Ye vaqt hai sahab badalta jaroor hai…

42. Pyaar kya hai???

Roz aankhen khulte hee jiski yaad aaye

Voh hai pyaar…

Jiski aawaz sunne ke liye saara din intezaar rahe

Voh hai pyaar…

Jisse jhagada karne ke baad bhi uske manaane ka intezaar rahe

Voh hai pyaar…

Puri duniya ke khushi mein bhi ek insaan ki kami aapko udaas kare

Voh hai pyaar…

Kisi ki baatein sochkar aapke chehre par muskurahat ho

Voh hai pyaar…

43. Kabhi ro du toh baaho mein bhar lena,

Kabhi ladkhada jaahu Jeevan ke safar mein toh sambhaal lena…

Kabhi kho jaahu zindagi mein toh khoj lena kabhi badal jaahu,

Toh rok lena

Badalne se kabhi akela padh jaahu

Toh haath thaam lena mera…

Kabhi galti kar du toh maaf kar dena

Unn galtiyon ko lekar kabhi

Jo ladu tumse toh manaa lunga tumhe…

Par mooh mat ferna jo kabhi gusse se chillaa du toh

Do chaar baatein tum bhi bol lena par khaamosh na rehna…

Tumhari khaamoshi jyaada bechain karti hai

Thoda naadan hu, naa samajh hu

Tum kabhi mera saath na chodna…

44. Hey parmaatma,

Agar aapka kuch todne ka naam kare,

Toh mera guroor tod dena…

Agar aapka kuch jalaane ka mann kare,

Toh mera krodh jalaa dena…

Agar aapka kuch bujhaane ka mann kare,

Toh meri ghrunaa bujha dena…

Agar aapka maarne ka mann kare,

Toh meri wish ko maar dena…

Agar aapko pyaar karne ka mann kare,

Toh meri oar dekh lena…

Mai shabda, tum artha, tum bin mein vyaarth!

45. Hazaaro phool chahiye ek

Maala banaane ke liye,

Hazaaro Deepak chahiye ek

Aarti sajaane ke liye,

Hazaaro boond chahiye

Samundar banaane ke liye,

Par "Maa" akeli hee kaafi hai,

Baccho ki zindagi ko swarg banaane ke liye…

46. Kisi ne eshwar se pucha

Dost aur bhai mein kya farak hai…

Eshwar ne kaha…

Bhai sona hai aur dost heera hai…

Uss aadmi ne kaha…

Aapne bhai ko kam keemat aur dost ko keemti cheez se kyu navaaja?

Toh eshwar ne kaha…

Sone mein daraar aa jaaye toh usko

pighla kar bilkul pehle jaisa banaaya ja sakta hai…

Jab ki heere mein ek daraar aa jaaye

Toh voh kabhi bhi pehle jaisa nahi ban sakta…

47. Maine ek dost ko phone kiya aur kaha

ki yaha mera number hai, save kar lena…

Usne bahut accha jawaab diya aur

Meri aankhon se aansu nikal aaye…

Usne kaha teri aawaz maine save kar rakhi hai

Number tum chaahe kitne bhi badal lo,

Mujhe koi farak nahi padta kyunki

Mai teri aawaz se hee pehchaan lunga…

Ye sunn ke mujhe harivanshrai bacchan ji ki bahut hee sundar kavita yaad
aa gayi…

Agar beeki teri dosti toh pehle kharidhaar hum honge…

Tujhe khabar na hogi teri keemat,

Par tujhe paakar sabse amir hum honge…

Dost saath ho toh rone mein bhi shaan hai,

Dost na ho toh mehefil bhi shamshaan hai,

Saara khel dosti ka hai

A mere dost varna janaaja aur baarat ek hee samaan hai…

48. Papa ki pari se jimmedaar bahu

Ban jaati hai betiyaan…

Tera mera karte karte humara kehna

Sikh jaati hai betiyaan…

Todhe kaam mein thakne waali se pure ghar ko

Sambhaalne waali ho jaati hai betiyaan…

Har baat mein ladne waali

Aaj chuchaap sunn leti hai betiyaan…

Papa ka har baat mein kharche karne waali

Ek ek paisa jodne waali ban jaati hai betiyaan…

Sach hee kaha hai kisi ne beti se

Bahu tak bahut badal jaati hai betiyaan…

49. Badaa bhai baap jaisa hota hai aur

Chota bhai dost jaisa hota hai…

Behen ki nazar mein bhai

Kisi hero se kam nahi hote hai…

Bhai ka pyaar kisi aashirwaad

Se kam nahi hota hai…

Dil mein pyaar aur hoaton par

Kadve bol hote hai…

Dukh mein saath dena waale bhai

Anmol hote hai…

50. Muskurahat…

Aankhen kitni bhi choti kyu na ho,

Taakat toh uss mein saara aasmaan dekhne ki hoti hai…

Zindagi ek hasin khwaab hai,

Jismein jeene ki chaahat honi chaahiye…

Gam khud hee khushi mein badal jaayenge

Sirf muskuraane ki aadat honi chahiye…